JN069011

新装版

# 自閉症スペクトラムの子どもの

# ソーシャルスキルを育てるゲームと遊び

## 先生と保護者のためのガイドブック

レイチェル・バレケット 著

上田勢子 訳

黎明書房

REIMEI SHOBO

# は じ め に

　すべての子どもに言えることですが，自閉症スペクトラムの子どもたちも，一人ひとりが独自の個性と，独特に組み合わさった特徴を持っています。障害の軽い子どもの中には，言語面の遅れがほとんどなく，むしろ社会的な相互作用の方が困難な子どももいます。社会生活はとても複雑です。この部分の発達に遅れのある子どもには，友だちを作ったり，うまくコミュニケーションをしたりするための基本的な手段が必要です。

　たとえば，会話を始めたり続けたりするのがむずかしかったり，自分や人の感情を認識することができなかったりすることがあるでしょう。また，コミュニケーションの仕方も，人と話すのではなく，人に向かって話しているようだと言われることが多く，挫折すると自分の気持ちをコントロールできないこともあるかもしれません。

　社会の中で人とつき合うことは，単なる言語によるコミュニケーションではありません。表情などの非言語的な合図や，どのように自分の怒りをコントロールするか，相手の個人空間に侵入しないで待てるようになることといった，人との日常の相互作用の中で重要な事柄も含まれるのです。

　言語聴覚士（ST：スピーチ・セラピスト）が子どもの言語コミュニケーションの向上に集中して取り組むことはできますが，その一方で，効果的なソーシャルスキルを発達させるためには，子どもに社会的な相互作用のスキルを育てるための特別なプログラムも重要です。自閉症スペクトラムの子どもたちは，そうでない子どもたちのように状況の中から合図を拾い上げることができません。そのため直接的で具体的な指示が必要ですが，こうした子どものための訓練は学校ではあまり行われていないのが現状です。

## この本の使い方

　本書は，自閉症スペクトラムの子どもたちが基本的なソーシャルスキルを身につけるための一連のゲームや遊び（アクティビティ）を紹介した本です。家庭や保育園，幼稚園，小学校での社会的な相互作用に必要な内容に，焦点を当てました。さまざまな年齢の子どもに関わる親や先生やその他の方々が，その子のソーシャルスキルのレベルや，自閉症スペクトラムにおける位置によって，使えるようになっています。

　本書のアクティビティは，子どもと一対一で行ってもよいですし，保育園や幼稚園，小学校低学年の教室でグループで行うこともできます。特定のソーシャルスキルを身につけるた

めにアクティビティのどれかを選んで行ってもよいですし，一連のアクティビティ全体を学校のカリキュラムやソーシャルスキル・プログラムに組み込んでもよいでしょう。

　アクティビティで作ったポスターを教室の壁や家庭の冷蔵庫などに貼っておけば，子どもの目に入って，覚えたことを思い出させることができます。ポスターを拡大コピーすれば，作業がしやすくなりますし，子どもにとっても扱いやすくなるでしょう。ポスターやカードをラミネート加工して，長い間使えるようにするのもお勧めです。

　ひとつのアクティビティをやり終えるまで集中力が続かない子どももいるでしょう。ポスターは何回かかけて完成させればよいですし，同じゲームを何度も行ってもよいのです。重要なのは，子どもがゲームや遊びを楽しむことです。

　子どもを引きつけ，興味を持続させるためには，ごほうびややる気を起こさせるようなものも有効です。子どもの好きなものなら何でもよいのです。シャボン玉やトランポリンで遊んでも，子どもの興味のあるもの（たとえば，汽車，人形，パンダなど）のシールをあげてもよいでしょう。本書の付録の58〜60ページにも，特製ごほうびカードの見本を用意してあります。

　ポスターやカードを視覚的な教材として使用したあとは，子どもの作業やソーシャルスキル習得の成果を記録するために，スクラップブックに貼ってもよいでしょう。スクラップブックは，その子どもがやり遂げたことの誇るべき記録として，学校でその子に関わる他の先生やカウンセラーに見せたり，家で家族で見たりします。

　また，特定の行動を修正しなくてはならないことがあったら，このスクラップブックを使って，適切な社会的行動を思い出させてあげてください。さらに，スクラップブックのコピーを家と学校の両方に置いておけば，子どもは新しいスキルをさまざまな状況で使うことができ，一般化への重要な一歩となります。

　アクティビティに使用するモデルや書式は，付録として用意しました。また必要な筆記具，はさみ，のりなどの日用品は，各アクティビティのところに記してあります。それぞれの子どものニーズに合わせて材料を作るときは，手がきをしてもよいですし，文章の代わりに絵や写真などを使いたい場合は，Boardmaker（www. mayer-johnson. com）やKidspiration® Software（Inspiration　Software®，Inc.；www.strategictran-sitions. com）などのソフトを利用することもできます。視覚化することは，自閉症スペクトラムの子どもや，まだ字が読めない子どもの独特の学習スタイルにとって重要です。

## 視覚的な予定表

　自閉症スペクトラムの子どもは，規則性のある予測可能な状況を必要としています。そのため，その日や週に何が起こるのか，休暇中はどのように過ごすのかといったことが，視覚的な概念としてわかっていると役立ちます。

　予定がわかっていたり視覚的なサポートがあったりすると，一日がスムーズに進みます。さらに，「次に何が起こるか」がわからないことから生じる不安から子どもが解放されることによって，感情の爆発やパニックを防ぐこともできます。ソーシャルスキル・プログラムに直接関係はありませんが，視覚的な予定表のサンプルをいくつか，付録の 62～66 ページにつけておきましたので，利用してください。

## ゲームの選び方

　本書では，自閉症スペクトラムの子どもが出会う大きな社会的チャレンジのいくつかに焦点を当てて構成した，次の内容のアクティビティを紹介しています。

・家族や親戚のことを知ろう
・人の話を上手に聞けるようになろう
・誰にでも個人空間があることを知ろう
・上手に待てるようになろう
・自分や人の感情がわかるようになろう
・怒りをコントロールできるようになろう
・ていねいな言い方ができるようになろう
・声を使い分けよう：静かに，適切な感情を込めて話せるようになろう
・人と協力し合えるようになろう
・いい友だちになろう

　次ページの「ソーシャルスキル・チェックリスト」は，子どもにどのソーシャルスキルが欠けているかが識別でき，そのスキルを発達させるのにもっともふさわしいアクティビティはどれかがわかるようになっています。70 ページのものをコピーして，お使いください。

# ソーシャルスキル・チェックリスト

| 子どもの社会的な問題 | 該当（○） | セクション | ページ |
|---|---|---|---|
| 家族や親戚関係の意識が薄い | | 家族や親戚のことを知ろう | 8－9 |
| 目線を合わせない | | 人の話を上手に聞けるようになろう（ステップ1・2） | 10－12 |
| じっと聞いていられない | | 人の話を上手に聞けるようになろう（ステップ3・4） | 12－14 |
| 話しかけられても返事ができない | | 人の話を上手に聞けるようになろう（ステップ3・4） | 12－14 |
| 他者の個人空間に侵入する傾向がある | | 誰にでも個人空間があることを知ろう（アクティビティ1・2） | 15－16 |
| きつく抱きしめすぎたり，強くにぎりすぎたりする | | 誰にでも個人空間があることを知ろう（アクティビティ1・2） | 15－16 |
| いつ，誰と個人空間を共有するかの区別が困難 | | 誰にでも個人空間があることを知ろう（アクティビティ3） | 16－18 |
| 待てない | | 上手に待てるようになろう | 19－22 |
| 他者の気持ちを読み取れない | | 自分や人の感情がわかるようになろう | 23－31 |
| 状況に不釣り合いな怒りを表す | | 怒りをコントロールできるようになろう（アクティビティ1） | 32－34 |
| 怒りをコントロールできない | | 怒りをコントロールできるようになろう（アクティビティ2・3・4） | 35－37 |
| 失礼な言い方をしたり，不適切な言葉を使ったりする | | ていねいな言い方ができるようになろう | 38－39 |
| 不適切な大声で話し，強弱のコントロールができない | | 声を使い分けよう（ステップ1） | 40－43 |
| 声から感情を識別することができない | | 声を使い分けよう（ステップ2） | 44 |
| 声に間違った感情を込めて話す | | 声を使い分けよう（ステップ2） | 44 |
| 協力的でない行動をする | | 人と協力し合えるようになろう | 45－48 |
| 他者の視点を理解できない | | 人と協力し合えるようになろう，いい友だちになろう（アクティビティ2・3） | 45－48, 50－54 |
| 遊びの加減がわからない | | いい友だちになろう（アクティビティ2） | 50－53 |
| 誰が友だちかを区別できない | | いい友だちになろう（アクティビティ1・3） | 49・54 |
| 「次に起こること」がわからなかったり自由時間になったりすると，不安になる | | 予定表，チョイス・ボード | 61－66, 67－68 |

4

# も　く　じ

# 1 家族や親戚のことを知ろう

家系図は，子どもが家族や親戚について学ぶのに最適です。子どもと一緒に作って，家の冷蔵庫や教室の壁に貼りましょう。

その家系図について，子どもと話し合いましょう。家庭では，親戚に会ったり電話をしたりする前に，その人が子どもとどういう関係にあるかを説明してあげてください。

たとえば：
- 「ジョーおばさんが今夜うちに来てくれるよ。ジョーおばさんはお母さんの妹なのよ。」
- 「今日はバアバの家に行くのよ。バアバはあなたのおばあちゃんよ。あなたはバアバの孫なの。バアバはママのお母さんで，あなたはママの息子よ。」

## アクティビティ　ぼく・わたしの家系図

**用意するもの**：家族や親戚の写真　はさみ　のり　p.71とp.72のコピー

**注意** 本書のすべてのアクティビティについて，子どもの数に合わせて十分な枚数のコピーを用意してください。

★家族や親戚の写真を切って，家系図（72ページ）にのりで貼ります。写真の下に名前を書きましょう。（子どもの読み書きの練習にもなります。）それから，子どもにそれぞれの人との関係がわかるように，71ページのラベルを名前の下に貼りましょう。

| | | | | |
|---|---|---|---|---|
| おじいさん | おじいさん | おじいさん | おじいさん | おじいさん |
| おばあさん | おばあさん | おばあさん | おばあさん | おばあさん |
| おばさん | おばさん | おばさん | おばさん | おばさん |
| おじさん | おじさん | おじさん | おじさん | おじさん |
| おにいさん | おにいさん | おにいさん | おにいさん | おにいさん |
| おとうと | おとうと | おとうと | おとうと | おとうと |
| おねえさん | おねえさん | おねえさん | おねえさん | おねえさん |
| いもうと | いもうと | いもうと | いもうと | いもうと |
| いとこ | いとこ | いとこ | いとこ | いとこ |

（見本）

# ぼく・わたしの家系図

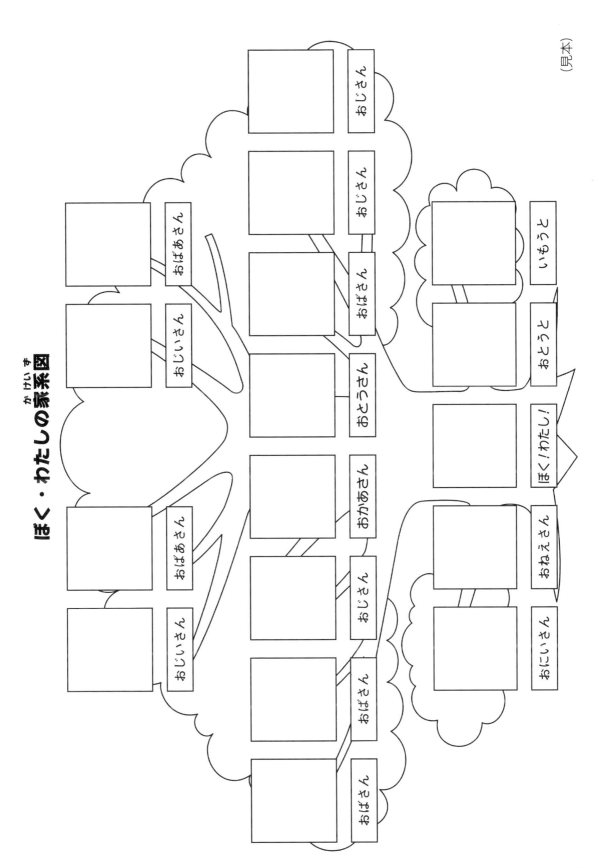

おじさん

おじさん

おばあさん

おとうさん

おばさん

おじいさん

おばあさん

おかあさん

おじいさん

おじさん

おばさん

おばさん

いもうと

おとうと

ぼく！わたし！

おねえさん

おにいさん

# 2 人の話を上手に聞ける ようになろう

＊ Socially Speaking（Shroeder, 1996）より許可を得て転載。

　子どもは話しかけられたときに，たとえ聞こえていても，聞いていることを示す典型的なそぶりを見せないことがあります。たとえば，目を合わさない，もじもじして返事をしない，話しかけられているのにしゃべる，といったことがあるのです。

　よい聞き手になることを学ぶには，いくつかの段階があります。ここでは「相手を見る」「言葉をぶつけない」「じっとして聞く」「返事をする」を見ていきましょう。

## ステップ1 相手を見る（目を合わせる）

### アクティビティ1 自分の目を描いてみよう

　**用意するもの：小さい鏡　カラーフェルトペン　のり　p.73 のコピー（ステップ4まで使用）**

　73 ページの一番上の四角の中に，鏡を使って自分の目を描かせましょう。そして，目にはどのような大切な役割があるかということ，特に，自分が注目したり興味を持ったりしていることを表すものだということを，話し合いましょう。

---

目で，話している人を見ます。

---

## アクティビティ2　**ウィンク・ゲーム**

　子どもと交代でウィンクをして，目を合わせる練習をしましょう。学校でこのゲームをするときは，円になって，順番に隣の人にウィンクを回していきます。

　このアクティビティは，大人が出す指令どおりに手をたたいたり，うなずいたり，足を踏み鳴らしたりするゲームの中に入れてもよいでしょう。

## アクティビティ3　**目のかくれんぼ**

　大人が鬼になって，子どもとかくれんぼをしましょう。子どもは，見つかったら鬼と目を合わさなくてはならないことにします。はじめは一対一がよいですが，ルールがよくわかって，十分練習できたら，子どもを何人かに増やしてもよいでしょう。

### ステップ2　**言葉をぶつけない**

## アクティビティ　**じゃましないで**

　子どもがあなたに話しかけているときに，わざと何か言ってじゃまをします。そして，これは「言葉のぶつけ合い」だね，と説明します。それから，話をじゃますると，相手がどんな気持ちになるかを話します。相手は無視されたと思ったり，腹を立てたりするでしょう。

　こんどは，「言葉のぶつけ合い」なしで，話をしてみましょう。

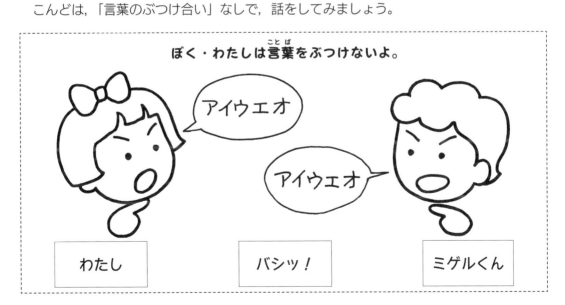

73ページの二つめの四角の中に，自分と誰かが言葉をぶつけ合っているところを描かせ

ましょう。（右下の四角の中に相手の名前を書き込むと，このアクティビティが身近なものになり，子どもにとってより大きな意味を持つようになります。）

## ステップ3　じっとして聞く

73ページの三つめの四角の中に，自分がじっと立っている絵を描かせましょう。

### アクティビティ　彫刻ゲーム

「彫刻」ゲームをしましょう。全員が輪になって立ち，誰かが「彫刻になれ！」と言ったら，動きを止めて，誰かと目を合わせます。「彫刻になれ！」は交代で言いましょう。

## ステップ4　返事をする

73ページの一番下の四角の中に，自分が誰かに返事をしている絵を描かせましょう。そして，完成した「じょうずに聞けるよ」ポスターを使って，返事をする練習をしましょう。

## アクティビティ1　「動物園に行ったよ」

始める前に，子どもの顔を見ながら，このゲームはじっとして，目を合わせながらするゲームだと説明します（「目を見せて」と言って子どもと目を合わせます）。

ひとりめの子どもが「動物園に行って，シマウマを見たよ」と言います。次の子どもは，同じことを繰り返して言い，最後に何かつけ加えます。たとえば，「動物園に行って，シマウマを見たよ。ゾウも見たよ」のようにです。（このゲームは一対一でもできますが，グループで床に円になって座って遊ぶのが，もっとも効果的です。グループで遊ぶときは，相手の方を向いて話すこと，上手に聞くためのルールを守ることを確認しましょう。）

このゲームは，話しかけられたら返事をするということを強調するだけでなく，注意をはらって聞き，相手の言ったことを覚えるということも子どもに教えます。

## アクティビティ2　上手な聞き方かな？

いろいろな聞き方をしてみせて，よい聞き方かどうかを子どもに決めてもらうゲームです。子どもはひとりでも複数でもできます。

「私はあなたの話を聞いていると思う？」とたずねて，子どもが返事をしているときに，目をそらして，もじもじして，ひとり言を言ったり（「聞いていない」見本），まっすぐに子どもの目を見て，じっとして，じゃましないで聞いたり（「聞いている」お手本）します。

グループでよい聞き方，悪い聞き方の練習をするのは，とても楽しいものです。二人ずつペアになって，他の子どもたちの前で，よい聞き方と悪い聞き方を演じるのもよいでしょう。また発表会で，ステージの上でデモンストレーションさせる方法もあります。

**どのような遊び方をする場合でも，子どもがよい聞き方をしているときは，それがはっきりわかるようにします。そして「悪い」聞き方をするとどのような悪いことにつながるのかも，よく理解させましょう。**

完成した「じょうずに聞けるよ」ポスターを見ながら，これがよい聞き方のルールだと説明しましょう。

# じょうずに聞けるよ

## １．相手を見る

## ２．言葉をぶつけない

## ３．じっとして聞く

## ４．返事をする

(完成見本)

# 3 誰にでも個人空間があることを知ろう

　相手の個人空間に侵入するということには，近くに立ちすぎたり，強くつかみすぎたり，きつく抱きしめすぎたりということも含まれます。自閉症スペクトラムの子どもにとってむずかしい部分です。

　この章では，誰にでも体のまわりに「特別な空間」があり，他の人もそれを尊重しなければならないということを示し，個人空間について理解させるアクティビティを紹介していきます。

## アクティビティ1　ぼく・わたしの特別な空間

**用意するもの：子どもよりも大きい新聞紙や模造紙　クレヨン**

　床に新聞紙や模造紙を敷き，子どもにその上に寝るように言います。クレヨンで子どもの形をなぞりましょう。次に，別の色でそのまわりの空間を囲み，これがあなたの「特別な空間」だと教えます。そして，個人空間の概念について話し合いながら，一緒に「特別な空間」に色を塗りましょう。

　このアクティビティは，グループでそれぞれの「特別な空間」を描くやり方で行ってもよいです。

## アクティビティ2　これがぼく・わたしの空間

**用意するもの：フラフープ**

　フラフープの中に入ってみせ，これがわたしの「特別な空間」だと説明します。もし，子どもが繰り返し，あなたの個人空間に侵入するようなら，フラフープを床に置いてその中に座り，抱っこするとき以外はその空間の中に入ってはいけない，というルールを作ります。

　このようにフラフープを使って，どのくらいの間隔をあければ居心地がよいかを教えます。また他の子どもの空間を尊重することも教えましょう。

★強くつかむのは，抱きしめるのとは違うよ!!

　子どもが強く抱きしめすぎたり，人の腕を強くつかんだりしているようなら，ゴムのおもちゃを持たせましょう。ポケットに入れておいてもよいです。誰かを強くつかんだり抱きしめたりしたくなったら，代わりにそのおもちゃをぎゅっと握るように教えます。

## アクティビティ3 「ぼく・わたしの空間に入っていいのはだれ？」ポスター

　個人空間に入ってよいときと悪いときを示すポスターを作りましょう。

> **用意するもの：カラーペンや色鉛筆，クレヨン　古い雑誌**
> **　　　　　　　家族がふれ合っている写真（手をつなぐ，抱っこするなど）**
> **　　　　　　　のり　はさみ　自分で描いた絵（線画でよい）　p.74とp.75のコピー**

（訳注）74ページに，家族の写真を貼ったり，絵を描いたり，雑誌から切りぬいた絵や写真を貼ったり，75ページの絵と文字を貼ったりして，ポスターを作ります。

# ぼく・わたしの空間に入っていいのはだれ？

家族は（そしてときどき先生と友だちも），入っていいんだよ

遊んでいるときや勉強しているときは，入ってはだめだよ

知らない人は，ぜったいに入ってはだめだ

（完成見本）

# 絵と文字を切りぬいて，
# 「ぼく・わたしの空間に入っていいのはだれ？」ポスターにはろう

| 家族 | 友だちや先生 | 知らない人 |
|---|---|---|
| 家族をだきしめる！ | 友だちがいそがしいときは，友だちの空間に入らないよ！ | |
| 妹 をだっこするのだいすき。 | ときどき，友だちを入れるよ。 | |
| | ときどき，先生にだきしめてもらうよ。（保育園・幼稚園） | |
| | 勉強しているときは，だれも入れないよ。 | |
| | ならんでいるときは，だれも入れないよ。 | |

★子どもと道を歩いているときに，知らない人同士が互いに間隔をあけている様子を見せましょう。ビデオや映画も最高の教材です。

# 4 上手に待てるようになろう

待つことがとても困難な子どももいます。次の二つの練習は，そのような子どもにどんなときに待つのか，どうやって待てばよいのかを教えます。

## アクティビティ1 「待つのはどんなとき？」ポスター

待たなくてはいけないのはどんなときか，ポスターにしてみましょう。このアクティビティは学校でも家庭でもできます。

**用意するもの**：カラーペンや色鉛筆　古い雑誌　5×6 cm ぐらいの子どもの写真
　　　　　　　のり　はさみ　自分で描いた絵（線画でよい）　p.76 と p.77 のコピー

（訳注）76 ページに子どもの写真を貼り，下の欄に絵を描いたり，雑誌から切りぬいた絵や
　　　　写真を貼ったり，77 ページの絵と文字を貼ったりして，ポスターを作ります。

## 待つのはどんなとき?

子どもの写真

ぼく・わたしが待つのは,こんなとき

## ブランコにのりたいとき

(完成見本)

# 待つのはこんなとき…
## 絵と文字を切りぬいて，「待つのはどんなとき？」ポスターにはろう

| | | | |
|---|---|---|---|
| だれかが電話をしているとき | 人が話しているとき | おとうさんが料理をしているとき | おかあさんが赤ちゃんにミルクをあげているとき |
| おかあさんが赤ちゃんをおふろに入れているとき | 先生がいそがしいとき | だれかがテレビを見ているとき | 友だちがゲームをしているとき |

## アクティビティ2　待っているときには, 何をすればいいの？

　78ページをコピーしたものを使って右下のような「待つときのカード」を作り, 子ども
に持たせましょう。待っているときに何をしたらよいかを, 絵で思い出させてくれるカード
です。子どものポケットやかばんに入れておくとよいでしょう。待っている間に何をして気
を紛らわせばよいか, 適切な方法を教えてくれます。

## 左の絵と文字を切りぬいて, 右の「待つときのカード」にはろう

★カードはラミネート加工すると丈夫になり, 長持ちします。

(見本)

22

# 5 自分や人の感情が わかるようになろう

　自閉症スペクトラムの子どもたちは，自分の感情を理解したり，他者の気持ちを読み取ったりするのが苦手です。非言語的な行動は，社会的な相互作用のすべての面で重要な役割を果たしています。そのため，人と遊んだり話したりする上で，自閉症スペクトラムの子どもは大変不利になるのです。

**用意するもの**：鏡　はさみ　カラーペンや色鉛筆　ポスター用紙　のり
　　　　　　　　さまざまな感情を表す絵や写真　p.79－87 のコピー

## ステップ1　感情を読む

### アクティビティ1　感情を見分けよう

　79 ページの表で，左の欄に書かれた気持ちと合う表情の絵をひとつ子どもに選ばせ，指ささせるか，丸印をつけさせましょう。なぜその表情を選んだのか，話し合います。

| | | | | |
|---|---|---|---|---|
| うれしい | | | | |
| こわがっている | | | | |
| かなしい | | | | |
| おこっている | | | | |

## アクティビティ2 「気持ちカード」でゲームをしよう

★ 80 ページと 81 ページの絵を切りぬいて，「気持ちカード」を作りましょう。（ページをラミネート加工してから切れば，カードが長持ちします。）このカードを使って，トランプでおなじみの「スナップ」や「神経衰弱」をしてみましょう。

（訳注）「スナップ」：カードを二人に分ける。向き合って座り，二人が同時に一枚ずつカードを出す。同じカードが出たら「スナップ」と言い，早く言った方がカードの山をもらえる。どちらかのカードがなくなるまで遊ぶ。

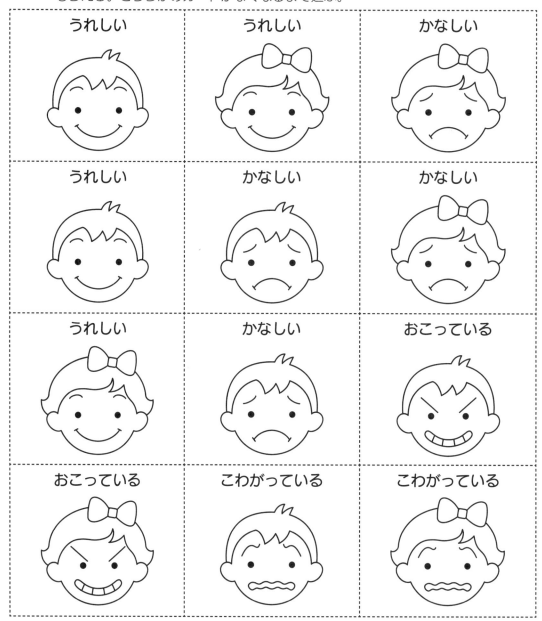

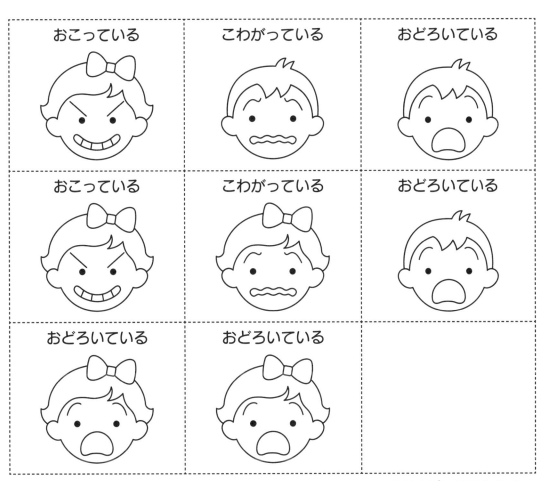

|  |  |  |
|---|---|---|
| おこっている | こわがっている | おどろいている |
| おこっている | こわがっている | おどろいている |
| おどろいている | おどろいている |  |

＊コンセプト：D. McCallum

## ステップ② 感情の練習

### アクティビティ1 鏡で練習しよう

82ページの，「うれしい，かなしい，おこっている，こわがっている」の気持ちを表す顔をコピーして切りぬき，鏡の横に貼ります。子どもにいろいろな表情をさせながら，どんな顔がどんな気持ちを表すのかを話し合います。また，絵の表情をまねさせてみましょう。

| うれしい | かなしい | おこっている | こわがっている |

★家族や友だちが気持ちを表しているところを写真に撮り，鏡の周囲に貼って，同じような練習をしてもよいでしょう。

### アクティビティ2 どんな気持ちかあてよう

子どもの正面に座って，さまざまな表情をしてみせ，どんな気持ちを表しているかあてさせましょう。なぜそう思ったのかも話し合います。

### アクティビティ3 「感情」ポスター ＊コンセプト：D. McCallum

クラスメートや友だちが，さまざまな感情を表しているところを写真に撮ります。写真を感情ごとに分けてポスターを作り，壁に貼りましょう。たとえば，「うれしいポスター」「悲しいポスター」「誇らしいポスター」というようにです。

そして，一日の活動の中で子どもが何か感情を表したら，同じ気持ちのポスターを指ささせて，強化していきましょう。

## ステップ3 社会的な状況を読み取る

### アクティビティ　気持ちを見つけよう

　子どもに 83〜87 ページの絵を一枚ずつ見せて,「この子は今どんな気持ちかな?」(うれしい, かなしい, おこっている, こわがっている) と聞きます。そして, 絵の下に示された気持ちから, ひとつ選んで丸をつけさせましょう。

　それから,「なぜこの子はそういう気持ちなのかな?」と問いかけてください。子どもに答えを書かせてもよいですし, まだ字が書けないようなら, 代わりに書いてあげましょう。

この子(こ)はどんな気持(きも)ち?
(ひとつ丸(まる)をつけよう)

この子(こ)はどんな気持(きも)ち?
(ひとつ丸(まる)をつけよう)

うれしい　かなしい　おこっている　こわがっている　　　うれしい　かなしい　おこっている　こわがっている

なぜだろう?＿＿＿＿＿＿＿＿＿＿＿　　なぜだろう?＿＿＿＿＿＿＿＿＿＿

＿＿＿＿＿＿＿＿＿＿＿＿＿＿＿　　　＿＿＿＿＿＿＿＿＿＿＿＿＿

この子<sup>こ</sup>はどんな気持<sup>きも</sup>ち？
（ひとつ丸<sup>まる</sup>をつけよう）

この子<sup>こ</sup>はどんな気持<sup>きも</sup>ち？
（ひとつ丸<sup>まる</sup>をつけよう）

うれしい　　かなしい　　おこって　　こわがっ
　　　　　　　　　　　　いる　　　　ている

うれしい　　かなしい　　おこって　　こわがっ
　　　　　　　　　　　　いる　　　　ている

なぜだろう？―――――――――――

なぜだろう？―――――――――――

――――――――――――――――

――――――――――――――――

| この子はどんな気持ち？<br>（ひとつ丸をつけよう） | この子はどんな気持ち？<br>（ひとつ丸をつけよう） |

うれしい　　かなしい　　おこって　　こわがっ　　　　うれしい　　かなしい　　おこって　　こわがっ
　　　　　　　　　　　　　いる　　　ている　　　　　　　　　　　　　　　　いる　　　ている

なぜだろう？―――――――――――――　　　　なぜだろう？―――――――――――――


――――――――――――――――――　　　　――――――――――――――――――

この子<sub>こ</sub>はどんな気持<sub>きも</sub>ち？
（ひとつ丸<sub>まる</sub>をつけよう）

この子<sub>こ</sub>はどんな気持<sub>きも</sub>ち？
（ひとつ丸<sub>まる</sub>をつけよう）

うれしい　　かなしい　　おこって　　こわがっ
　　　　　　　　　　　　いる　　　ている

うれしい　　かなしい　　おこって　　こわがっ
　　　　　　　　　　　　いる　　　ている

なぜだろう？—————————

なぜだろう？—————————

———————————————

———————————————

この子はどんな気持ち？
（ひとつ丸をつけよう）

うれしい　　かなしい　　おこって　　こわがっ
　　　　　　　　　　　　　いる　　　ている

なぜだろう？―――――――――――――――――

――――――――――――――――――――――――

＊コンセプト：D. McCallum

# 6 怒りをコントロールできる ようになろう

　自閉症スペクトラムの子どもの多くは，自分の感情を理解したり，コントロールしたりすることが困難です。その結果，状況に対して不釣り合いな怒りを見せることがあります。

　この章のアクティビティは，怒りにはいろいろな程度があるということや，自分の感情を調節して「かんしゃく」を起こさないようにしたり，起こす回数を少なくしたりすることができるということを教えるものです。

## アクティビティ1　プンプン計

＊ Navigating the Social World（McAfee, 2002）より許可を得て転載。

**用意するもの**：ペンや鉛筆　p.88−90 のコピー

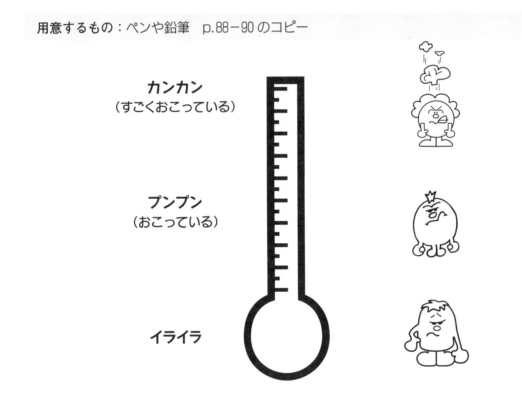

カンカン
（すごくおこっている）

プンプン
（おこっている）

イライラ

　プンプン計を使って，子どもに自分の怒りを視覚的に計らせてみましょう。腹の立つ状況について話し合い，そういう場合はどのくらい怒ればよいかを，子どもに決めさせます。怒りのレベルが決まったら，そのレベルを丸で囲み，そこまでペンや鉛筆で塗らせます。

| どのくらい<br>おこってる？ | 合ういかりのていどを，丸でかこもう |
|---|---|
| むずかしいパズルをしているとき<br> | <br>イライラ　　プンプン　　カンカン |
| 待っているとき<br> | <br>イライラ　　プンプン　　カンカン |
| すきなおもちゃをなくしたとき<br> | <br>イライラ　　プンプン　　カンカン |

33

| どのくらい<br>おこってる？ | 合ういかりのていどを，丸でかこもう | | |
|---|---|---|---|
| 高いところからおちた<br>とき<br> | <br>イライラ | <br>プンプン | <br>カンカン |
| だれかにたたかれたと<br>き<br> | <br>イライラ | <br>プンプン | <br>カンカン |
| パソコンがこわれたと<br>き<br> | <br>イライラ | <br>プンプン | <br>カンカン |

34

## アクティビティ2　怒ったときはどうすればいい？

　怒りにはいくつかのレベルがあることや，怒りは調整したりコントロールしたりすることができることを子どもが理解し始めたら，怒りに対処する方法をいくつか教えましょう。

　その中で，91ページをコピーしたものを使って右下のような「おこったときのカード」を作って，子どものポケットやかばんに入れておき，腹が立ったときにそれを見て，どうやって気持ちを静めるかを思い出せるようにしましょう。

### 左の絵と文字を切りぬいて，右の「おこったときのカード」にはろう

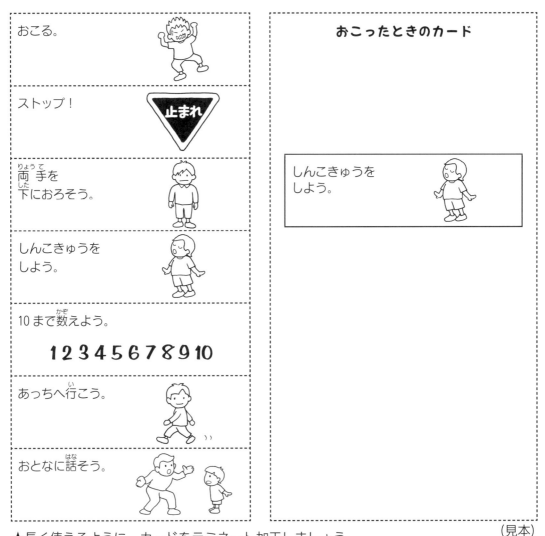

おこる。

ストップ！

両手を下におろそう。

しんこきゅうをしよう。

10まで数えよう。

1 2 3 4 5 6 7 8 9 10

あっちへ行こう。

おとなに話そう。

おこったときのカード

しんこきゅうをしよう。

(見本)

★長く使えるように，カードをラミネート加工しましょう。

★カードの裏に子どもの好きなシールを貼っておけば，腹が立ったときに気持ちをそらしたり，怒りを冷ましたりするのに役立ちます。

## アクティビティ3　「ハッピー・ブック」

＊ Navigating the Social World（McAfee, 2002）　より許可を得て転載。

> 用意するもの：カラーペンや色鉛筆　スクラップブック
> 　　　　　　　楽しいイベントやうれしい顔の写真
> 　　　　　　　　─古い雑誌の切りぬきや家族の写真を使いましょう。
> 　　　　　　　子どもが好きなものの写真やシール（たとえば，電車，人形，パンダ）
> 　　　　　　　　─古い雑誌の切り抜きや家族の写真を使いましょう。
> 　　　　　　　のり　はさみ

　上のような材料を使って，悲しいときや腹が立ったときに開いて見る「ハッピー・ブック」を作りましょう。さまざまな気持ちについて話し合いながら，子どもと一緒に作るとよいですね。表紙にも楽しい写真を貼って，子どもの好きなものやお気に入りのことのページ（たとえば，電車のページ）も作りましょう。

## アクティビティ4　アクティビティ・ボックス（5歳以上）

> **用意するもの**：ティッシュペーパーの空箱　p.92 のコピー　はさみ　のり
> 　　　　　　　箱を飾る材料

　空箱をきれいに飾って，その中に気持ちを落ち着かせるアクティビティのカードを入れておきます。子どもは，怒ったりイライラしたりしたときに，カードを一枚選んでそこに示されたアクティビティを行います。気持ちが落ち着いたら，教室に戻るか，もう一枚カードを選んでもよいでしょう。

　気持ちを落ち着かせるアクティビティの中には，大人の監督が必要なものもあります（たとえば，散歩に行く）。また，アクティビティは，その子どもに合わせて，またその子どもが楽しめるように，調整してもよいのです（これは他のアクティビティでも同じです）。

# 気持ちをおちつかせるカード

| | |
|---|---|
| パソコンで遊ぶ | 自分の気持ちを絵にかいてみる |
| パズルなどでしずかに遊ぶ | さんぽにいく |
| ジョギングをする | きゅうけいする |
| 自分の気持ちをお話に書いてみる | お話のテープを聞く |
| ゴムのおもちゃで遊ぶ | ほかの先生や友だちに会いにいく |

＊コンセプト：Pam Langford and Debbie McCallum

★カードをラミネート加工すると，丈夫になります。

★親や先生が，子どもの怒りの初期の警告に気づくことができれば，かんしゃくを予防するのに役立ちます。気づいたら，おこったときのカードや「ハッピー・ブック」，アクティビティ・ボックスを見るように子どもを導きましょう。かんしゃくの爆発を予防することができるかもしれません。

# 7 ていねいな言い方ができる ようになろう

　子どもの多くは，自分の気持ちをていねいに伝えるのに手助けが必要です。ここで紹介する「ごみ箱ゲーム」は，子どもにていねいな言い方を教え，どのような言い方をするかによって，自分に対する人の気持ちや態度が違ってくることを理解させるのに役立ちます。

## アクティビティ　ごみ箱ゲーム

　**用意するもの：黒色のフェルトペン　赤色のフェルトペン　p.93 のコピー**

　93 ページの表の，「しつれいだよ！」の欄に，子どもが言った失礼なことや不親切なことを，黒色を使って文字や絵でかき込みましょう。そして，こんなことを言うと，相手は隣の欄の絵のように，腹が立ったり，悲しい気持ちになったり，困ったりすると説明します。

　次に，赤色で「しつれいだよ！」の欄にかいたことの上に×印をつけ，「こういう言葉はゴミ箱モンスターに食べさせて，なくしてしまおうね」と言います。

　それから，同じことをどのように言えばていねいか，子どもと一緒に考えて，「このほうがいいね！」の欄に書きましょう。そして，こんな言い方をすれば，相手は右端の欄のようなうれしい気持ちになると説明します。

（見本）

この ほうが いいね！

ぼくは、きみに はらがたってるんだ。

ゴミ・モンスターに 食べさせよう！

しつれいだよ！

だいきらい！

## 8 声を使い分けよう：静かに，適切な感情を込めて話せるようになろう

　自閉症スペクトラムの子どもたちの多くは，感覚的な理由やその他の理由により，声の大きさを調節したり，自分の感情にふさわしい調子の声で話したりすることが困難です。声のコントロールは効果的なコミュニケーションの一部ですので，それを学ぶことは，他者との相互作用において重要と言えます。

たとえば：
・エディー君は「パズルを手伝ってよ」と言うときに，怒った調子で言う。
・ジョン君は，相手が近くにいてもとても大きい声で話すので，周囲の子どもたちは耳を押さえて逃げてしまう。

　声の調子や大きさについて理解したり，それらをコントロールしたりするために，音楽は楽しく効果的な方法です。このアクティビティを，家庭で親子で行ったり，学校でグループで行ったりしてみましょう。

### ステップ1　声の強弱

### アクティビティ1　静かな声，中くらいの声，大きい声

　楽器を使うと，「しずかな」音，「中くらいの」音，「大きい」音を表現しやすいです。子どもにもまねをさせて，練習しましょう。

　用意するもの：楽器（ピアノ，リコーダー，ドラムなど）

★このアクティビティは，メロディーが演奏できなくてもできます。

## アクティビティ2　**声を使う練習をしよう**

94 ページをコピーしたものを見ながら，言ってみましょう：

「しずかな声」（そーっと）

「中くらいの声」（ふつうの声で）

「大きい声」（大声で）

　まず大人が言い，子どもにまねをさせて，練習しましょう。

★しずかな声は，ささやき声ではありません。ささやくのにも練習が必要ですよ！

★子どもの声が大きすぎるようなら，「しずかな声で話してごらん」とか，「中くらいの声で
　話してみようよ」と，こちらも状況に合った適切な声の大きさで注意します。

たとえば：
ミゲル君（大声で）：「サンドイッチをもうひとつちょうだい。」
お母さん：「中くらいの声で話してね。お母さんはすぐここにいるから，よく聞こえるわよ。
　　　　　わかったわ，もうひとつサンドイッチを作ってあげましょうね。」
　　　　　**（これを中くらいの声で言います。）**

## アクティビティ3　どの声を使おうかな？

　これは，子どもがどの声を使うかを決められるようにするアクティビティです。次のような場所ではどの声を使えばよいかを子どもにたずね，選んだ声を丸で囲ませましょう。どのような理由でその声を選んだかについても話し合いましょう。

用意するもの：ペンや鉛筆　p.95 と p.96 のコピー

# どの声を使おうかな？

| 場所 | 声 | | |
|---|---|---|---|
| 公園で | しずかな声 | 中くらいの声 | 大きい声 |
| 図書館で | しずかな声 | 中くらいの声 | 大きい声 |
| 教室で | しずかな声 | 中くらいの声 | 大きい声 |
| 家で | しずかな声 | 中くらいの声 | 大きい声 |
| 動物園で | しずかな声 | 中くらいの声 | 大きい声 |
| お店で | しずかな声 | 中くらいの声 | 大きい声 |

| 場所 | 声 | | |
|---|---|---|---|
| 道で | しずかな声 | 中くらいの声 | 大きい声 |
| ショッピングセンターで | しずかな声 | 中くらいの声 | 大きい声 |
| よその家で | しずかな声 | 中くらいの声 | 大きい声 |
| 病院で | しずかな声 | 中くらいの声 | 大きい声 |
| 映画館で | しずかな声 | 中くらいの声 | 大きい声 |
| 車の中で | しずかな声 | 中くらいの声 | 大きい声 |
| バスや電車の中で | しずかな声 | 中くらいの声 | 大きい声 |

## ステップ2 声の調子

### アクティビティ1 どんな声？

**用意するもの**：テレビの子ども番組や，そのビデオかDVD（ビデオやDVDは，巻き戻して何度も見ることができるので便利です）。番組の登場人物がどのような声を，どのようなときに使っているかを，子どもに示しましょう。
うれしい声　怒った声　悲しい声　イライラした声

　登場人物たちがどのような声を使っているか，子どもにたずねてみましょう。うれしい声，怒った声，悲しい声，イライラした声を，子どもとあなたのどちらが先にあてるか，競争してもよいです。

### アクティビティ2 練習してみよう！

　次のような文を言いながら，うれしいとき，怒ったとき，悲しいとき，イライラしたときの声を練習しましょう。
・アイスクリームを食べられてうれしいな。
・新しい電車のおもちゃが壊れたから怒ってるんだ。
・おばあちゃんがいなくなって悲しいな。
・ブロックで車が作れなくて，イライラするよ。

★子どもが不適切な調子の声で話していたら，話すのをやめさせて，注意してください。そして，そのようなときにはどのような調子の声が正しかったのか，一緒に考えましょう。

たとえば：
床屋：よくがまんしたね，ティム。ごほうびに，あめをあげよう。
ティム（怒った声で）：あめなんかいらないよ！
お母さん（うれしい声で）：ティム，うれしい声で「ありがとう。でもあめはいりません」と言おうね。

★子どもが正しい調子の声で話しているときは，それを伝えてあげることも大切です。

# 9 人と協力し合えるようになろう

　人はお互いに助け合い，無意識のうちに譲り合っていると
いうことを知るのも，社会の中での人とのつき合い方や，効
果的なソーシャルスキルを学ぶ上で大切なことです。

　ただ聞くように教えるだけでは十分ではありません。次の
例のように，子どもがよく聞いているからといって，言われ
たことをするとは限らないからです。

「モニカ，よく聞いてね。絵を描く宿題をすませてちょうだい。」
モニカは聞いていましたが，宿題の方には目も向けず，またテレビを見始めました。

　次のアクティビティを学校や家で行ってみましょう。

## アクティビティ 「聞いて，行動しよう」ポスター

> **用意するもの**：カラーペンや色鉛筆　古い雑誌　子どもの写真　のり　はさみ
> 　　　　　　　　自分で描いた絵（線画でよい）　p.97－99 のコピー

　人が相手のために何かしている絵や写真を，古い雑誌から切りぬいたり，自分で描いたり，
99 ページから切りぬいたりして，97 ページと 98 ページに貼り，「聞いて，行動しよう」ポ
スターを作りましょう。

　「寝る」「みんなと一緒に床のマットに座る」といった，家や学校でよく求められる，大切
なことを選んでください。絵に言葉を添えれば，読む練習にもなります。

　このアクティビティは一度で完成しなくても，何回か続けて行ってもよいです。ポスター
を冷蔵庫に貼ったり，教室の壁にかけたりして，新しいことをつけ加えていきましょう。

## 聞いて，行動しよう

おとうさんとおかあさんは，ぼく・わたしのために，いろんなことをしてくれる。

子どもの写真

だから，ぼく・わたしはよく聞いて，言われたことをするよ。

(見本)

46

## 聞いて，行動しよう

先生は，ぼく・わたしのために，いろんなことをしてくれる。

子どもの写真

だから，ぼく・わたしはよく聞いて，言われたことをするよ。

（見本）

## 絵と文字を切りぬいて，「聞いて，行動しよう」ポスターにはろう

| おとうさんとおかあさんがしてくれること | おとうさんとおかあさんに言われたことをするよ | 先生がしてくれること | 先生に言われたことをするよ |
|---|---|---|---|
| 遊んでくれる | はをみがく | かなしいときだきしめてくれる（保育園・幼稚園まで） | すわってよく聞く |
| 本を読んでくれる | ねる | 絵をかくのを手つだってくれる | 部屋の中ではしずかな声を使う |
| 動物園につれていってくれる | おふろやシャワーに入る | ゲームを教えてくれる | 昼ごはんを食べる |
| 海につれていってくれる | 朝ごはんができたら，食べる | 本を読んでくれる | 勉強する |
| おいしいごはんを作ってくれる | 時間になったら，きがえる | 遠足につれていってくれる | しずかにならぶ |
| だきしめてくれる | 犬にえさをやる | 勉強を手つだってくれる | ほかの子に親切にする |

★ 「おとうさんとおかあさんがしてくれること」「先生がしてくれること」に，子どもが特に興味のあることも加えれば，子どもの注意をひくでしょう。たとえば，「おとうさんは電車を見につれていってくれる」のようにです。

# 10 いい友だちになろう

　自閉症スペクトラムの子どもは，順番を守ったり，人の気持ちになったりということが，コミュニケーション一般と同様に困難なため，友だちを作ったり，友だちでい続けたりすることがむずかしいことがよくあります。次の二つのアクティビティで，お互いによくするのが友情だと教えましょう。

## アクティビティ1　ぼく・わたしの友だちは誰？

　用意するもの：鉛筆，カラーペン，画用紙など

### 友だちの絵をかこう

〇〇くん　　　　　　　　〇〇ちゃん

（完成見本）

友だちの名前はなあに？
（まだ字が書けない子は，大人が代わりに書いてあげましょう。）

## アクティビティ2 「友だち」ポスター

**用意するもの**：カラーペンや色鉛筆　古い雑誌　子どもの写真　のり　はさみ
　　　　　　　　自分で描いた絵（線画でよい）　p.100－102 のコピー

　友だち同士がすることを全部，絵に描いたり，101 ページと 102 ページから切りぬいて貼ったりして，100 ページの「友だち」ポスターを作りましょう。このアクティビティは，家でも，学校でグループででもできます。絵に言葉を添えれば理解が深まりますし，読む練習にもなります。

★子どもたちが一緒に遊んでいるときに，この友だちとの相互作用のスキルを練習させるとよいです。順番を守って，相手の言うことをちゃんと聞くようにうながしましょう。

たとえば：
「ベン君，こんどはアーロン君がゲームを選ぶ番だよ。」
「アーロン君がいいことを考えているよ。遊ぶのをやめて，よく聞いてみようよ。」

# 友だち

## 友だちが，ぼく・わたしにしてくれること

## ぼく・わたしが，友だちにしてあげること

子どもの写真

（見本）

# 絵と文字を切りぬいて，「友だち」ポスターにはろう

| 友だちがしてくれること | 友だちにしてあげること |
|---|---|
| 話を聞いてくれる | 話を聞いてあげる |
| ぼく・わたしのすきなことを話してくれる | 友だちのすきなことを話してあげる |
| ぼく・わたしのすきな遊びをしてくれる | 友だちのすきな遊びをしてあげる |
| ゲームを教えてくれる | ゲームを教えてあげる |
| 順番をまもる | 順番をまもる |
| 言葉をぶつけない | 言葉をぶつけない |

52

| 友だちがしてくれること | 友だちにしてあげること |
|---|---|
| 大きい声でなく，中くらいの声を使う | 大きい声でなく，中くらいの声を使う |
| ぼく・わたしの空間に入らない | 友だちの空間に入らない |
| わからないとき教えてくれる | わからないとき教えてあげる |
| ぼく・わたしが勝ったら，よろこんでくれる | 友だちが勝ったら，よろこんであげる |
| ぼく・わたしをからかわない | 友だちをからかわない |

## アクティビティ3　いい友だちは，どんな友だち？（5歳以上）

＊アクティビティ：Gayle Ward

**用意するもの：ペンや鉛筆　p.103 のコピー**

　103 ページの左の欄に，友だちの名前を書かせましょう（必要に応じて，手伝ってあげましょう）。

　それから，友だちそれぞれのどんなところが好きなのかも聞きます。子ども自身の考えを聞きながら，100 ページの「友だち」ポスターも使いましょう。たとえば，「わたしのことをからかわないから好き」「こまったとき助けてくれるんだ」「親切なんだよ」といった答えがあるでしょう。その答えを，103 ページの右の欄に書きます。

　そして，子どもの目線で，リストの中の誰がよい友だちか，誰が友だちではないかを，一緒に考えてみましょう。この機会に，いじめについての話もうまく織り交ぜられるとよいですね。いじめの見分け方，もしも自分がいじめられたらどうすればよいかなどを話しましょう。

| 友だち | 友だちの好きなところ |
|---|---|
| スージー | 昼ごはんをいっしょに食べてくれる。<br><br>じゅぎょう中に，話しかけてくれる。<br><br>休み時間に，いっしょに遊んでくれる。<br><br>勉強を手つだってくれる。 |
| ジョディ | |
| タイラー | |
| カーリー | |

（完成見本）

# 参 考 文 献

Gray, C. (2000). *Comic book conversations. Colorful interactions with students with autism and related disorders.* Jenison, MI: Jenison Public Schools.

Gutstein, S. E., & Sheely, R. K. (2002). *Relationship development intervention with young children. Social and emotional development activities for Asperger's Syndrome, autism, PDD and NLD.* London: Jessica Kingsley Publishers Ltd.

Howlin, P., Baron Cohen, S., & Hadwin, J. (1999). *Teaching children with autism to mind-read. A practical guide.* Chichester, UK: John Wiley.

McAfee, J. (2002). *Navigating the social world. A curriculum for individuals with Asperger's Syndrome, high functioning autism and related disorders.* Ft. Worth, TX: Future Horizons Inc.

Santomauro, J. (1999). *Set for gold. Strategies for life.* Brisbane, Australia: Author.

Schroeder, A. (1996). *Socially speaking. A pragmatic social skills programme for primary students.* Cambridge, UK: LDA.

# 参 考 図 書

Attwood, T. (1997). *Asperger's Syndrome. A guide for parents and professionals.* London: Jessica Kingsley Publishers Ltd.

Baker, J. (2001). *The social skills picture book. Teaching play, emotion, and communication to children with autism.* Ft. Worth, TX: Future Horizons Inc.

Baker, J. (2003). *Social skills training for children and adolescents with Asperger Syndrome and social-communication problems.* Shawnee Mission, KS: Autism Asperger Publishing Company.

Buron, K. D. (2003). *When my autism gets too big! A relaxation book for children with autism spectrum disorders.* Shawnee Mission, KS: Autism Asperger Publishing Company.

Buron, K. D., & Curtis, M. (2002). *The incredible 5-point scale.* Shawnee Mission, KS: Autism Asperger Publishing Company.

Cardon, T. A. (2004). *Let's talk emotions: Helping children with social cognitive deficits, including AS, HFA, and NVLD, learn to understand and express empathy and emotions.* Shawnee Mission, KS: Autism Asperger Publishing Company.

Carter, M. A., & Santomauro, J. (2004). *Space travelers: An interactive program for developing social understanding, social competence and social skills for students with Asperger Syndrome, autism and other social cognitive challenges.* Shawnee Mission, KS: Autism Asperger Publishing Company.

Coucouvanis, J. (2005). *Super Skills: A social skills group program for children with Asperger Syndrome, high-functioning autism and related challenges.* Shawnee Mission, KS: Autism Asperger Publishing Company.

Dunn, M. A. (2005). *SOS: Social skills in our schools: A social skills program for children with pervasive developmental disorders, including high-functioning autism, and Asperger Syndrome, and their typical peers.* Shawnee Mission, KS: Autism Asperger Publishing Company.

Fuge, G., & Berry, R. (2004). *Pathways to play! Combining sensory integration and integrated play groups – Theme-based activities for children with autism spectrum and other sensory-processing disorders.* Shawnee Mission, KS: Autism Asperger Publishing Company.

Gutstein, S. E. (2000). *Solving the relationship puzzle. A new developmental program that opens the door to lifelong social and emotional growth.* Ft. Worth, TX: Future Horizons Inc.

Gutstein, S. E., & Sheely, R. K. (2002). *Relationship development intervention with young children. Social and emotional development activities for Asperger's Syndrome, autism, PDD and NLD.* London: Jessica Kingsley Publishers Ltd.

Murdock, L., & Khalsa, G. S. (2003). *Joining In! A program for teaching social skills.* Shawnee Mission, KS: Autism Asperger Publishing Company.

Wolfberg, P. J. (2003). *Peer play and the autism spectrum: The art of guiding children's socialization and imagination.* Shawnee Mission, KS: Autism Asperger Publishing Company.

# 付　録

# 1　ごほうびカード

　何のごほうびかによって使える「ごほうびカード」を，子どもの興味のある絵のものを選べる
ように，それぞれ汽車，人形，パンダの三種類作りました。

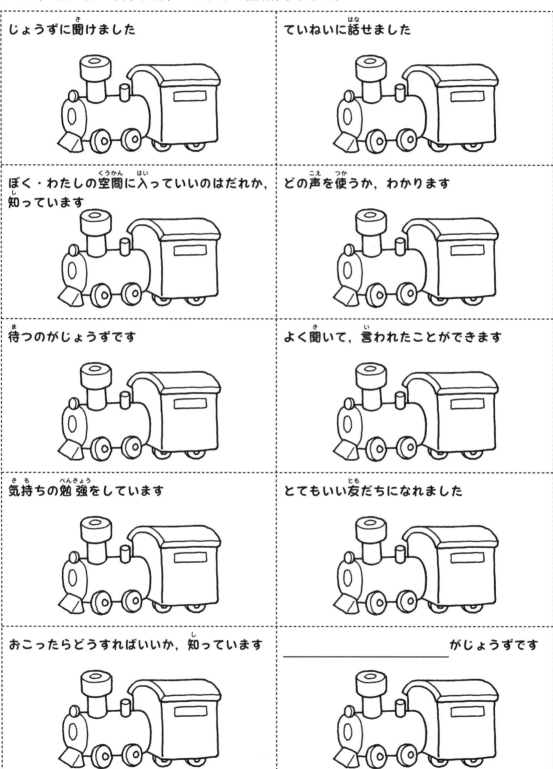

じょうずに聞けました

ていねいに話せました

ぼく・わたしの空間に入っていいのはだれか，
知っています

どの声を使うか，わかります

待つのがじょうずです

よく聞いて，言われたことができます

気持ちの勉強をしています

とてもいい友だちになれました

おこったらどうすればいいか，知っています

＿＿＿＿＿＿＿がじょうずです

# ごほうびカード（続き）

| | |
|---|---|
| じょうずに聞けました | ていねいに話せました |
| ぼく・わたしの空間に入っていいのはだれか，知っています | どの声を使うか，わかります |
| 待つのがじょうずです | よく聞いて，言われたことができます |
| 気持ちの勉強をしています | とてもいい友だちになれました |
| おこったらどうすればいいか，知っています | ＿＿＿＿＿＿＿＿＿がじょうずです |

# ごほうびカード（続き）

じょうずに聞けました

ていねいに話せました

ぼく・わたしの空間に入っていいのはだれか，知っています

どの声を使うか，わかります

待つのがじょうずです

よく聞いて，言われたことができます

気持ちの勉強をしています

とてもいい友だちになれました

おこったらどうすればいいか，知っています

＿＿＿＿＿＿＿＿＿＿＿＿がじょうずです

# 2　予定表

　次のページ以降の表や絵と文字を使って，子どもと一緒に予定表を作りましょう。できた予定表は，教室の壁や冷蔵庫の扉に貼って，子どもが見られるようにしておきましょう。

用意するもの：カラーペンや色鉛筆，クレヨン　のり　写真　古い雑誌
　　　　　　　自分で描いた絵（線画でよい）　電車，スポーツ，休暇などのパンフレット
　　　　　　　p.62－66 のコピー

　予定表ができたら，縮小コピーしてラミネート加工するなどし，子どもがポケットやかばんや筆箱に入れておけるようにして渡しましょう。

　予定表にはいろいろな種類がありますが，ここではその一部を紹介します。

いっしゅうかん
# 一週間の予定表

家庭や学校の事情に合わせて、調整して使いましょう。

| | 月ようび | 火ようび | 水ようび | 木ようび | 金ようび |
|---|---|---|---|---|---|
| 朝 | 朝ごはん | 朝ごはん | 朝ごはん | 朝ごはん | 朝ごはん |
| 昼 | 昼ごはん | 昼ごはん | 昼ごはん | 昼ごはん | 昼ごはん |
| 夜 | 晩ごはん | 晩ごはん | 晩ごはん | 晩ごはん | 晩ごはん |
| | おふろ | おふろ | おふろ | おふろ | おふろ |
| | おやすみなさい | おやすみなさい | おやすみなさい | おやすみなさい | おやすみなさい |

62

# 絵と文字を切りぬいて，予定表にはろう

| | |
|---|---|
| 学校 | 友だちと遊ぶ |
| テレビ・ＤＶＤ | 公園 |
| ゲーム | パソコン |
| 絵をかく | 外で遊ぶ |
| きゅうけい | 音楽 |
| ダンス | 家にいる |

★予定表とアクティビティのカードは，切り離す前にラミネート加工するとよいでしょう。カードは，何度もはがして貼り直せるテープで貼ると，日や週によって，アクティビティを変えることができて便利です。（上の絵の代わりに，雑誌の切りぬきや，手描きの絵や，コンピューターのソフトウェアのイラストを使ってもよいでしょう。）

# ぼく・わたしのお休み

お休みの日にしたいことを，絵に描いてみましょう。

# ぼく・わたしのお休みの予定

_____月

| 月ようび | 火ようび | 水ようび | 木ようび | 金ようび | 土ようび | 日ようび |
|---|---|---|---|---|---|---|
| | | | | | | |
| | | | | | | |
| | | | | | | |
| | | | | | | |
| | | | | | | |

　上の表にその月の日付を書き込みましょう。ひとりでできないようなら手伝ってあげてください。それから，学校や保育園・幼稚園のある日とお休みの日を，違う色で塗り分けましょう。いつがお休みかがよくわかるようになります。

# ぼく・わたしのお休み<ruby>休<rt>やす</rt></ruby>の予定<ruby>予定<rt>よ てい</rt></ruby>

| | |
|---|---|
| | _____月<ruby>月<rt>がつ</rt></ruby>_____日<ruby>日<rt>にち</rt></ruby><br><br>_____ようび |
| 朝<ruby>朝<rt>あさ</rt></ruby> | 朝<ruby>朝<rt>あさ</rt></ruby>ごはん |
| | |
| 昼<ruby>昼<rt>ひる</rt></ruby> | 昼<ruby>昼<rt>ひる</rt></ruby>ごはん |
| | |
| 夜<ruby>夜<rt>よる</rt></ruby> | 晩<ruby>晩<rt>ばん</rt></ruby>ごはん |
| | おふろ |
| | おやすみなさい |

# 絵と文字を切りぬいて，予定表にはろう

| | | | |
|---|---|---|---|
| 公園 | | ゲーム | |
| 絵や工作 | | 外で遊ぶ | |
| 自てん車にのる | | きゅうけい | |
| しんせきの家に行く | | パソコン | |
| 友だちと遊ぶ | | テレビ・ＤＶＤ | |
| ひこうきで旅行する | | 電車にのる | |
| およぎにいく | | 美術館 | |
| 映画 | | 動物園 | |

★旅行にいくときは，行き先のパンフレットを切りぬいて，予定表に貼りましょう。

# 3　チョイス・ボード

　学校生活はだいたいスケジュールがきちんと決まっていますが，ランチタイムや休み時間などのように，比較的自由な時間もあります。そんなときに役立つのがチョイス・ボードです。

　チョイス・ボードによって，子どもに適切な選択肢（チョイス）を示すと，子どもは自分の生活をコントロールできていると感じます。爆発したり，かんしゃくを起こしたりといったことも少なくなるでしょう。

　チョイス・ボードと予定表を組み合わせれば，子どもの一日はある程度予想のできる，規則正しいものとなります。このことが，自閉症スペクトラムの子どもにとって大変重要な，安定感をもたらすのです。

> 用意するもの：大小二枚の木の板　小さい丸に切った面ファスナー
> 　　　　　　　　カメラ（チョイス・カードを作るために使用）

　大小二枚の木の板を壁にかけます。かける場所が学校であれば学校での，家であれば家でのさまざまな活動を，写真に撮ります。

　写真をラミネート加工して，裏に面ファスナーを貼れば，チョイス・カードのできあがりです。大小の木の板にも面ファスナーを貼り，すべてのカードを大きい板につけましょう。

　子どもを手伝って，どの活動をするか，チョイス・カードの中から選ばせましょう。選んだカードは，その子用の小さい「順番表」に，順番につけます。

★まだ何をするかわからないしるしも決めて使うと，柔軟性を持たせることができます。

## 大きい板

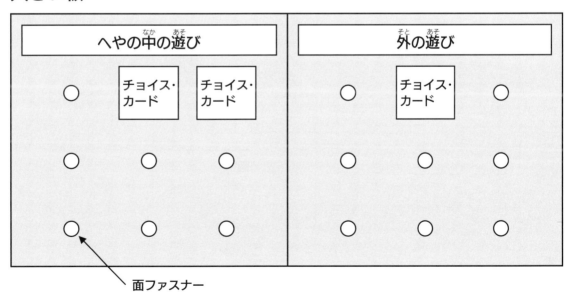

面ファスナー

## 小さい板：順番表

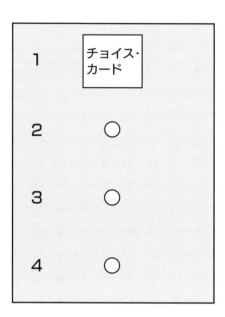

| 1 | チョイス・カード |
| 2 | ○ |
| 3 | ○ |
| 4 | ○ |

## チョイス・カード案

| へやの中の遊び | | 外の遊び | |
|---|---|---|---|
| つみき | ゆび人形 | ボール遊び | ままごと |
| 絵や工作 | パソコン | すな遊び | さんりんしゃ |
| 音楽 | | ジャングルジム | |

コピーして使う
# SSTのための
# シート集

# ソーシャルスキル・チェックリスト

| 子どもの社会的な問題 | 該当（○） | セクション | ページ |
|---|---|---|---|
| 家族や親戚関係の意識が薄い | | 家族や親戚のことを知ろう | 8−9 |
| 目線を合わせない | | 人の話を上手に聞けるようになろう（ステップ1・2） | 10−12 |
| じっと聞いていられない | | 人の話を上手に聞けるようになろう（ステップ3・4） | 12−14 |
| 話しかけられても返事ができない | | 人の話を上手に聞けるようになろう（ステップ3・4） | 12−14 |
| 他者の個人空間に侵入する傾向がある | | 誰にでも個人空間があることを知ろう（アクティビティ1・2） | 15−16 |
| きつく抱きしめすぎたり，強くにぎりすぎたりする | | 誰にでも個人空間があることを知ろう（アクティビティ1・2） | 15−16 |
| いつ，誰と個人空間を共有するかの区別が困難 | | 誰にでも個人空間があることを知ろう（アクティビティ3） | 16−18 |
| 待てない | | 上手に待てるようになろう | 19−22 |
| 他者の気持ちを読み取れない | | 自分や人の感情がわかるようになろう | 23−31 |
| 状況に不釣り合いな怒りを表す | | 怒りをコントロールできるようになろう（アクティビティ1） | 32−34 |
| 怒りをコントロールできない | | 怒りをコントロールできるようになろう（アクティビティ2・3・4） | 35−37 |
| 失礼な言い方をしたり，不適切な言葉を使ったりする | | ていねいな言い方ができるようになろう | 38−39 |
| 不適切な大声で話し，強弱のコントロールができない | | 声を使い分けよう（ステップ1） | 40−43 |
| 声から感情を識別することができない | | 声を使い分けよう（ステップ2） | 44 |
| 声に間違った感情を込めて話す | | 声を使い分けよう（ステップ2） | 44 |
| 協力的でない行動をする | | 人と協力し合えるようになろう | 45−48 |
| 他者の視点を理解できない | | 人と協力し合えるようになろう，いい友だちになろう（アクティビティ2・3） | 45−48，50−54 |
| 遊びの加減がわからない | | いい友だちになろう（アクティビティ2） | 50−53 |
| 誰が友だちかを区別できない | | いい友だちになろう（アクティビティ1・3） | 49・54 |
| 「次に起こること」がわからなかったり自由時間になったりすると，不安になる | | 予定表，チョイス・ボード | 61−66，67−68 |

# ぼく・わたしの家系図

| | | | | |
|---|---|---|---|---|
| おじいさん | おじいさん | おじいさん | おじいさん | おじいさん |
| おばあさん | おばあさん | おばあさん | おばあさん | おばあさん |
| おばさん | おばさん | おばさん | おばさん | おばさん |
| おじさん | おじさん | おじさん | おじさん | おじさん |
| おにいさん | おにいさん | おにいさん | おにいさん | おにいさん |
| おとうと | おとうと | おとうと | おとうと | おとうと |
| おねえさん | おねえさん | おねえさん | おねえさん | おねえさん |
| いもうと | いもうと | いもうと | いもうと | いもうと |
| いとこ | いとこ | いとこ | いとこ | いとこ |

# ぼく・わたしの家系図

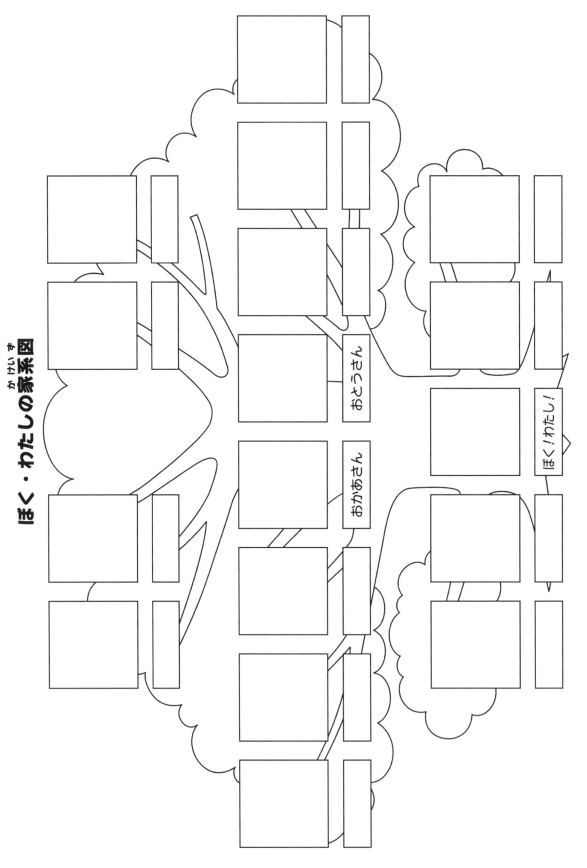

おとうさん

おかあさん

ぼく！わたし！

# じょうずに聞けるよ

## １．相手を見る

## ２．言葉をぶつけない

バシッ！

## ３．じっとして聞く

## ４．返事をする

# ぼく・わたしの空間に入っていいのはだれ？

家族は，そしてときどき先生と友だちも，入っていいんだよ

遊んでいるときや勉強しているときは，入ってはだめだよ

知らない人は，ぜったいに入ってはだめだ

## 絵と文字を切りぬいて，
## 「ぼく・わたしの空間に入っていいのはだれ？」ポスターにはろう

| 家族 | 友だちや先生 | 知らない人 |
|---|---|---|
| <br>家族をだきしめる！ | <br>友だちがいそがしいときは，友だちの空間に入らないよ！ | |
| <br>妹 をだっこするのだいすき。 | <br>ときどき，友だちを入れるよ。 | |
| | <br>ときどき，先生にだきしめてもらうよ。（保育園・幼稚園） | |
| | <br>勉強しているときは，だれも入れないよ。 | |
| | <br>ならんでいるときは，だれも入れないよ。 | |

75

# 待つのはどんなとき?

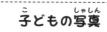

子どもの写真

ぼく・わたしが待つのは，こんなとき

## 待つのはこんなとき…
## 絵と文字を切りぬいて，「待つのはどんなとき？」ポスターにはろう

だれかが電話をしているとき

人が話しているとき

おとうさんが料理をしているとき

おかあさんが赤ちゃんにミルクをあげているとき

おかあさんが赤ちゃんをおふろに入れているとき

先生がいそがしいとき

だれかがテレビを見ているとき

友だちがゲームをしているとき

## 左の絵と文字を切りぬいて，右の「待つときのカード」にはろう

「すみません」
と言おう。

しんこきゅうを
しよう。

10 まで数えよう。

# 1 2 3 4 5 6 7 8 9 10

言葉をぶつけない。

アイウエオ

アイウエオ

ほかの人の
「とくべつな
空間」に
入らない。

何かして遊ぼう。

待つときのカード

# 感情を見分けよう
<ruby>感<rt>かんじょう</rt></ruby>情を<ruby>見<rt>み</rt></ruby>分けよう

| | |
|---|---|
| うれしい | |
| こわがっている | |
| かなしい | |
| おこっている | |

79

# 「気持ちカード」でゲームをしよう

| うれしい | うれしい | かなしい |
|---|---|---|
| うれしい | かなしい | かなしい |
| うれしい | かなしい | おこっている |
| おこっている | こわがっている | こわがっている |

# 「気持ちカード」でゲームをしよう（続き）

| おこっている | こわがっている | おどろいている |
|---|---|---|
| おこっている | こわがっている | おどろいている |
| おどろいている | おどろいている | |

＊コンセプト：D. McCallum

## 鏡で練 習しよう

うれしい

かなしい

おこっている

こわがっている

# 気持ちを見つけよう

この子はどんな気持ち？
（ひとつ丸をつけよう）

うれしい　　かなしい　　おこって　　こわがっ
　　　　　　　　　　　　いる　　　ている

なぜだろう？_____

_____

_____

この子はどんな気持ち？
（ひとつ丸をつけよう）

うれしい　　かなしい　　おこって　　こわがっ
　　　　　　　　　　　　いる　　　ている

なぜだろう？_____

_____

_____

# 気持ちを見つけよう（続き）

| | |
|---|---|
| この子はどんな気持ち？<br>（ひとつ丸をつけよう） | この子はどんな気持ち？<br>（ひとつ丸をつけよう） |

うれしい　かなしい　おこって　こわがっ　　　　うれしい　かなしい　おこって　こわがっ
　　　　　　　　　　いる　　ている　　　　　　　　　　　　　　　いる　　ている

なぜだろう？───────　　　　なぜだろう？───────


───────────　　　　───────────


───────────　　　　───────────

# 気持ちを見つけよう（続き）

この子はどんな気持ち？
（ひとつ丸をつけよう）

うれしい　　かなしい　　おこって　　こわがっ
　　　　　　　　　　　　いる　　　　ている

なぜだろう？―――――――――――

――――――――――――――――――

――――――――――――――――――

この子はどんな気持ち？
（ひとつ丸をつけよう）

うれしい　　かなしい　　おこって　　こわがっ
　　　　　　　　　　　　いる　　　　ている

なぜだろう？―――――――――――

――――――――――――――――――

――――――――――――――――――

# 気持ちを見つけよう（続き）

この子はどんな気持ち？
（ひとつ丸をつけよう）

うれしい　　かなしい　　おこって　　こわがっ
　　　　　　　　　　　　いる　　　ている

なぜだろう？ _____

_____

_____

この子はどんな気持ち？
（ひとつ丸をつけよう）

うれしい　　かなしい　　おこって　　こわがっ
　　　　　　　　　　　　いる　　　ている

なぜだろう？ _____

_____

_____

# 気持ちを見つけよう（続き）

この子はどんな気持ち？
（ひとつ丸をつけよう）

うれしい　　かなしい　　おこって　　こわがっ
　　　　　　　　　　　　いる　　　　ている

なぜだろう？───────────────

────────────────────

────────────────────

＊コンセプト：D. McCallum

# プンプン計

**カンカン**
（すごくおこっている）

**プンプン**
（おこっている）

**イライラ**

| どのくらい<br>おこってる？ | 合[あ]ういかりのていどを，丸[まる]でかこもう |
|---|---|
| むずかしいパズルをし<br>ているとき<br> | <br>イライラ　　プンプン　　カンカン |
| 待[ま]っているとき<br> | <br>イライラ　　プンプン　　カンカン |
| すきなおもちゃをなく<br>したとき<br> | <br>イライラ　　プンプン　　カンカン |

| どのくらい<br>おこってる？ | 合ういかりのていどを，丸でかこもう | | |
|---|---|---|---|
| 高いところからおちた<br>とき | イライラ | プンプン | カンカン |
| だれかにたたかれたと<br>き | イライラ | プンプン | カンカン |
| パソコンがこわれたと<br>き | イライラ | プンプン | カンカン |

## 左の絵と文字を切りぬいて，右の「おこったときのカード」にはろう

おこる。

ストップ！

止まれ

両手を
下におろそう。

しんこきゅうを
しよう。

10まで数えよう。

1 2 3 4 5 6 7 8 9 10

あっちへ行こう。

おとなに話そう。

おこったときのカード

# 気持ちをおちつかせるカード

パソコンで遊ぶ

自分の気持ちを
絵にかいてみる

パズルなどで
しずかに遊ぶ

さんぽにいく

ジョギングをする

きゅうけいする

自分の気持ちを
お話に書いてみる

お話のテープを聞く

ゴムのおもちゃで遊ぶ

ほかの先生や友だちに
会いにいく

## ごみ箱ゲーム

| | | | | |
|---|---|---|---|---|
| つかれないだよ！ | | ゴミ・モンスターに食べくさせよう！ | このほうがいいね！ぼくは、きみにはらがたってるんだ。 | |
| だいきらい！ | | | | |

93

声を使う練習をしよう

しずかな声

中くらいの声

大きい声

94

# どの声を使おうかな？

| 場所（ばしょ） | 声（こえ） | | |
|---|---|---|---|
| 公園（こうえん）で | しずかな声 | 中（ちゅう）くらいの声（こえ） | 大（おお）きい声（こえ） |
| 図書館（としょかん）で | しずかな声 | 中（ちゅう）くらいの声（こえ） | 大（おお）きい声（こえ） |
| 教室（きょうしつ）で | しずかな声 | 中（ちゅう）くらいの声（こえ） | 大（おお）きい声（こえ） |
| 家（いえ）で | しずかな声 | 中（ちゅう）くらいの声（こえ） | 大（おお）きい声（こえ） |
| 動物園（どうぶつえん）で | しずかな声 | 中（ちゅう）くらいの声（こえ） | 大（おお）きい声（こえ） |
| お店（みせ）で | しずかな声 | 中（ちゅう）くらいの声（こえ） | 大（おお）きい声（こえ） |
| 道（みち）で | しずかな声 | 中（ちゅう）くらいの声（こえ） | 大（おお）きい声（こえ） |

# どの声を使おうかな？（続き）

| 場所 | 声 | | |
|---|---|---|---|
| ショッピングセンターで | しずかな声 | 中くらいの声 | 大きい声 |
| よその家で | しずかな声 | 中くらいの声 | 大きい声 |
| 病院で | しずかな声 | 中くらいの声 | 大きい声 |
| 映画館で | しずかな声 | 中くらいの声 | 大きい声 |
| 車の中で | しずかな声 | 中くらいの声 | 大きい声 |
| バスや電車の中で | しずかな声 | 中くらいの声 | 大きい声 |

96

## 聞いて，行動しよう

おとうさんとおかあさんは，ぼく・わたしのために，いろんなこと
をしてくれる。

子どもの写真

だから，ぼく・わたしはよく聞いて，言われたことをするよ。

# 聞いて，行動しよう

先生は，ぼく・わたしのために，いろんなことをしてくれる。

子どもの写真

だから，ぼく・わたしはよく聞いて，言われたことをするよ。

# 絵と文字を切りぬいて，「聞いて，行動しよう」ポスターにはろう

| おとうさんとおかあさんがしてくれること | おとうさんとおかあさんに言われたことをするよ | 先生がしてくれること | 先生に言われたことをするよ |
|---|---|---|---|
| 遊んでくれる | はをみがく | かなしいとき，だきしめてくれる（保育園・幼稚園まで） | すわってよく聞く |
| 本を読んでくれる | ねる | 絵をかくのを手つだってくれる | 部屋の中ではしずかな声を使う |
| 動物園につれていってくれる | おふろやシャワーに入る | ゲームを教えてくれる | 昼ごはんを食べる |
| 海につれていってくれる | 朝ごはんができたら，食べる | 本を読んでくれる | 勉強する |
| おいしいごはんを作ってくれる | 時間になったら，きがえる | 遠足につれていってくれる | しずかにならぶ |
| だきしめてくれる | 犬にえさをやる | 勉強を手つだってくれる | ほかの子に親切にする |

# 友<ruby>とも</ruby>だち

## 友<ruby>とも</ruby>だちが，ぼく・わたしにしてくれること

## ぼく・わたしが，友<ruby>とも</ruby>だちにしてあげること

子<ruby>こ</ruby>どもの写真<ruby>しゃしん</ruby>

# 絵と文字を切りぬいて，「友だち」ポスターにはろう

| 友だちがしてくれること | 友だちにしてあげること |
|---|---|
| 話を聞いてくれる | 話を聞いてあげる |
| ぼく・わたしのすきなことを話してくれる | 友だちのすきなことを話してあげる |
| ぼく・わたしのすきな遊びをしてくれる | 友だちのすきな遊びをしてあげる |
| ゲームを教えてくれる | ゲームを教えてあげる |
| 順番をまもる | 順番をまもる |
| 言葉をぶつけない | 言葉をぶつけない |

101

# 絵と文字を切りぬいて，「友だち」ポスターにはろう（続き）

| 友だちがしてくれること | 友だちにしてあげること |
| --- | --- |
| 大きい声でなく，中くらいの声を使う | 大きい声でなく，中くらいの声を使う |
| ぼく・わたしの空間に入らない | 友だちの空間に入らない |
| わからないとき教えてくれる | わからないとき教えてあげる |
| ぼく・わたしが勝ったら，よろこんでくれる | 友だちが勝ったら，よろこんであげる |
| ぼく・わたしをからかわない | 友だちをからかわない |

# いい友だちは，どんな友だち？

### 友だち

### 友だちの好きなところ

**訳者紹介**

# 上田勢子

東京生まれ。1977 年,慶應義塾大学文学部社会科学科卒。1979 年より,アメリカ・カリフォルニア州在住。写真評論などに従事しながら,児童書,一般書の翻訳を数多く手がける。

主な訳書に『自尊感情を持たせ,きちんと自己主張できる子を育てるアサーショントレーニング 40』『自閉症スペクトラムの子どものソーシャルスキルを育てるゲームと遊び』『不安やストレスから子どもを助けるスキル&アクティビティ』『一人でできる中高生のための PTSD(心的外傷後ストレス障害)ワークブック』『子どもの毎日の生活の中でソーシャルスキルが確実に身につく 187 のアクティビティ』『新装版 子どもに必要なソーシャルスキルのルール BEST99』(共に黎明書房),「子どもの認知行動療法―だいじょうぶ―シリーズ」全 6 巻(明石書店),『私たちが死刑評決しました。』(ランダムハウス講談社),「子どものセルフケアガイド」全 2 巻(東京書籍),「学校のトラブル解決シリーズ」全 7 巻,「心をケアする絵本」シリーズ 3 点(共に大月書店)などがある。

＊イラスト:岡崎園子他

新装版 自閉症スペクトラムの子どもの
ソーシャルスキルを育てるゲームと遊び

2021 年 4 月 1 日 初版発行

| | | |
|---|---|---|
| 訳 者 | 上 田 勢 子 | |
| 発 行 者 | 武 馬 久 仁 裕 | |
| 印 刷 | 株式会社 | 太 洋 社 |
| 製 本 | 株式会社 | 太 洋 社 |

発 行 所　　　　　　株式会社 黎 明 書 房

〒460-0002 名古屋市中区丸の内 3-6-27 EBS ビル ☎ 052-962-3045
FAX 052-951-9065 振替・00880-1-59001
〒101-0047 東京連絡所・千代田区内神田 1-4-9 松苗ビル 4 階
☎ 03-3268-3470

落丁本・乱丁本はお取替します。　　　　ISBN978-4-654-02352-3
2021, Printed in Japan